KB253819

청어

길 없는 길목에서

권병혁 지음

발행처 · 도서출판 **청어**
발행인 · 이영철
기　획 · 손영국 | 이동호
영　업 · 이진수
편　집 · 김영신 | 김인현
디자인 · 오주연

등　록 · 1999년 5월 3일(제22-1541호)

1판 1쇄 인쇄 · 2007년 1월 10일
1판 1쇄 발행 · 2007년 1월 20일

주소 · 서울시 서초구 서초동 1588-1 신성빌딩 A동 412호
대표전화 · 586-0477
팩시밀리 · 586-0478

E-mail · ppi20@hanmail.net
ISBN · 978-89-89232-60-5 (03810)

끝없는 골목에서

詩를 쓰면서

山이 좋아 山을 찾고
물이 좋아 물을 찾아

바람처럼
물처럼

흘러가는 발길 따라
우주법계 돌고 돌며

한 자 한 자 적은 글을
시절 인연 도래하여

새하얀 백지 위에
한 점 한 점 수를 놓아

허공으로 던지오니
갑갑하던 마음
허허롭기 그지없네

— 佛紀 2550년, 좋은날에 金圓 권병혁 합장

c·o·n·t·e·n·t·s

· · · · · · 길 없는 길목에서

오늘의 이 인연이
무량한 공덕 되어
世世孫孫
그대가문
옴도 없고 감도 없는
부처님의 마음자리
따스하게
傳해지리

1
마음자리

· · · · · 길 없는 길목에서

眞如(진여)

봄소식 如如한데
온다간다 분별하네

형상 여읜 나의 自性
법계에 충만하여

眞妙한 법향이
우주를 감싸 도네

– 서기 2000년 9월 9일 명상

三昧(삼매)

닦는 이 누구이며
닦이는 이 누구런가

안팎이 하나 되니

九品蓮臺
아미타불

마음속에
나투우네

허공

번뇌망상 道伴 삼아
도 닦은 지 얼마던가

선악부처
삼독보살
남김없이 親見하고

허공중에 우뚝 서니

청정법신
대일여래

악수하며
포옹하네

마음달

황천천추
밝은 달이

수미산을
비추우니

육도중생
한 방에서

아미타불
親見하네

無(무)

無—無—無
참등신

하—하—하—
웃고 보니

그 놈 또한
無로구나

無心(무심) 1

山이 좋아 山을 찾고
물이 좋아 물을 찾아

바람처럼
물처럼

흘러가는 발길 따라

우주법계
돌고 돌아

한바퀴 돌아봐도
흔적조차
남지 않네

無心(무심) 2

三界의 오랏줄을
無心으로 벗어났네

무심이란 무엇인가
分別忘想 없음이니

고요한 三昧中에
환하게 밝아오는
행자마음 如如하니

황좌의
부처님과

베개 베고
동침 하네

주인공

선악부처
삼독보살
우주에 충만한데

부처 찾아
名山大刹
헤매는 이 누구인가

주인공아!
이제 가면 벗고
참모습 보여주게

찾던 중생
지쳐서

포기할까
두렵구나

한마음

맑은 부처
탁한 부처

모두가 식구이니
그 누구를
편애 하리

모두 다
合心하여

一家를
이루세나

般若(반야) 1

삼독번뇌 道伴삼아
도 닦은 지 얼마던가

봉황이 알을 품어
봉황새 깨어나니

캄캄하던
三界가

단박에
밝아오네

般若(반야) 2

반야의
보배刀로

무명업장
후려치니

휘영청
밝은 달이

우주법계
비치이네

柱杖子 (주장자)

삼라만상 頭頭物物이
모두가 내 몸이니
문수 보현 따로 없네

신사년 좋은날에
해탈도량
문을 열고

柱杖子
치켜들어

허공법계
후려치니

일월성신 빛을 잃고
지옥으로 떨어지네

– 2001년 4월 15일, 金圓禪院 개원일에

一如(일여)

입은 옷
훌훌 벗어

世上天地
덮고 보니

인간 욕망
자연 속에

하나 되어
녹아드네

우주

새하얀 백지위에
점하나 찍었더니
우주와 통했더라

인연 따라 오가면서
願 세웠던
禪定 三昧
如如하게 이어져서

공전자전 우주섭리
이치로써 통달하니

형상세계 무너지고
如如하온 自性자리
허공중에 나타나네

涅槃(열반)

이 세상 저 세상
몇 번이나 오갔던가

도 닦아
智慧 생겨
분별인연 사라지니

와도 가도 변함없는
법왕궁에 이르렀네

싱긋 웃고 돌아보니
반야용선 버려진 채

處處에서 법 향기가
온 누리에 진동 하네

봄소식

봄소식 찾고 찾아
방방곡곡
헤매이다

지친 몸
가누면서

뜰 앞을
바라보니

내가 찾던
봄소식
여기에 있었구나

해탈

오뉴월 짙은 녹음
어디에 숨었는가

울긋불긋 물든 단풍
고향 길목 재촉하네

부병장수
부귀영화
어디에 있다더냐

칼날 위에 두 발 딛고
춤추는 중생놀음
너도 나도 즐기건만

五欲樂
초탈하여

넉넉한 마음속에
우주법계 담고 보니

한가한 나그네
해탈 세계 노니누나

– 불기 2548년 동지기도 회향일에

空(공)

노을 지는 바닷가에
돛단배 노 저으며

해지는 형상 바라보니

현재 미래 이어지는
線을 이어놓은 걸까

보는 마음
듣는 마음

모두가 空한 줄을
내 어찌 몰랐던가

삼라만상 如如하여
오고 감이 없는 줄을
오늘에사 느껴보네

보리수

해가 뜨고
해가 지니
밤낮이 있건마는

昭昭靈靈한 나의 마음
如如하온 빛이어라

우주법계 뜰 앞에다
보리수 심었더니

오고 가는 인연 있어
해탈종자
나눠 주네

동쪽은 동쪽이고
서쪽은 서쪽이니
내 알 바 무엇이랴마는

낙동강 물결은
변함없이 푸르구나

– 2003년 12월 7일, 제3회 천수경 강좌 개강일에

密語(밀어)

아침이슬 영롱해도
해 뜨면 흔적 없고

오뉴월 짙은 녹음
가을되면 떨어지듯

돌고 도는 우주이치
如法하게 體得하니

반야석에 자리 깔아
천진미소 지으면서
별빛보고 화답하네

淨土 (정토)

화사한 웃음 속에
자비 손길 머그음고

영롱한 눈망울에
반야 빛이 감도누나

오늘도 내일도
임 향한 그대 마음
사바에 떨쳐지니

오고가는 곳곳마다
그대로가
淨土로다

· · · · · · 길 없는 길목에서

山이 좋아 山 벗 뇌고
물이 좋아 물 벗 되니
山水가 道伴이네
道伴끼리 상통하니
靑山綠水는 如如하고
시비분별
흔적 없네

2
중도

. . . . . 길 없는 길목에서

中道(중도)

山이 좋아 山 벗 되고
물이 좋아 물 벗 되니

山水가 道伴이네
道伴끼리 상통하니

靑山綠水는 如如하고
시비분별
흔적 없네

茶香(다향)

청량 山
맑은 골에

천상道伴
마주앉아

大國茶香
음미하니

한가한 나그네
解脫世界
노니누나

— 다부 문화예술원에서

새천년 한가위

계수나무 가지 위에
無線 그네
매어 놓고

사바중생 그네 타며
희희낙락 즐기는데

山토끼는 잠을 자고
돌거북이 길을 가네

새千年이 밝았어도
山川草木
如如하고

今年에도 八月에는
月光보살
나투셨네

– 음력 2000년 8월 15일

백팔염주

한 알 두 알 꿰맨 알이
백팔개가 되었구나

육근 육경 곱을 하여
三世에
나투웠네

한 알 한 알 굴리면서
念佛精進 이어질 때

無心한 三昧中에
제불보살 친견하고
無說說을 들었더니

부처도 온 데 없고
번뇌도 간 데 없네

길

가는 길
오는 길

뒤돌아봐도
부끄럼 없는 길

내가 하는 일에
최선을 다하는

길

般若龍船(반야용선)

처처에 단비 오니
世緣 찌든 千手行者
감로수에 씻겨졌네

아미타불 존상 앞에
如法하게 정좌하여

體·相·用의
우주이치
겹겹이 벗기어서
目性 부처
찾고 찾아

苦海바다
헤매이다

반야용선 얻어 타고
妄念없는 無念處에
無心으로 당도하니

九品蓮臺

아미타불
반가웁게 맞아주고

천수천안
관음보살
손뼉 치며 반겨주네

– 제1회 천수경 강좌 회향일에

그리움

우주법계 곳곳마다
모두가 내 집인데
처소분별 있을손가

시절인연 도래하여
오색으로 물든 단풍
힘없이 떨어져도

새봄소식 들릴 적에
힘차게 피어나리

경진년 좋은 날에
남은 업장 씻어내니
기쁘기 한량없네

청풍명월 三更하에
禪定三昧 如如하여
고요히 觀해보니

부처님의
中道床에

그대 자리
비었구려

선물

주는 기쁨
받는 기쁨

기쁨을 주고 받네

주는 마음 청정하고
받는 마음 겸허하니

마음의 고속도로

以心傳心
통해지네

추석

여름 가고 가을 오니
따스한 햇볕 아래

五穀이 무르익어
귀성 길목 풍요한데

서늘한 가을바람
나의 가슴 저미누나

추석빔 차려입고
뜰 앞에 서서 보니

고향 정취
정다웁네

희망

세찬 겨울 지났기에
봄맞이 나갔더니

잔설이 녹지 않아
바람이 세차구나

얼은 손 호호 불며
발밑을 바라보니

환한 미소 머금은 채
새싹이
움을 트네

心身一如(심신일여)

청초하게 맑고 맑은
임의 초원에

오늘에사
정성스레
초청하오니

如如하온 봄소식과
두 손 맞잡고
조용히 명상회에
왕림 하소서

부지런히 정진하여
선정삼매 如如하니

손에는 문수보살
발에는 보현보살

앞다투어
나투우네

가을밤

가을바람 스산한데
뜰 앞에 홀로 앉아

푸른창공 바라보니
천억부처 등불들고
나에게로 다가오네

부처님과 속삭이며
대화삼매 빠졌다가

붉은 여명 비치어서
동녘 하늘 바라보니

함박웃음 머금은 채
月光보살 나투시어
나에게로 달려오네

벼의 일생

地水火風 인연 맺어
새 生命 태어났네

행여나 다칠세라
고이고이 보금타가

시절 인연 도래하여
苦海바다 넓은 들에
포기 포기 심어놓고

기도하는 마음으로
도랑치고 물을 대며

태풍 장마 모진 번뇌
지혜로써 물리치니

싱싱하고 환한 미소
눈앞에 선연하네

四通八達 트인 골에
훈풍이 불어오니

넘실대는 들녘에
황금물결 찬연하여

청정法身
大日如來
이곳에 나투셨네

– 수행과정을 벼의 一生에 비유해서 書

梅香 (매향)

동지섣달 설한풍에
백의관음 나투셨네

오묘하온 육신세계
환하게 드러내니

천상세계 향 내음이
온 누리에 진동하네

두 손 모아 합장하고
정성스레 모셔다가

茶 공양을 올리오니
백의관음 입 맞추며
지그시 감은 눈에

광명천지
밝아오네

찻집

유유적적
적멸당에

푸른 숲 병풍치고
솔바람 道伴삼아

茶香 三昧 젖어들어
창 밖을 바라보니

가을비 운율 속에
안개구름 넘나드네

참회

저며오는 가슴안고
참회눈물 흘렸는가

칠천 번 下心하여
무엇을 보았더냐

풀잎 위에 영롱한
아침이슬 보았느냐

청풍명월 속삭이는
密語소리 들었더냐

갑신년 정초에
반야좌복 깔고 앉아
명상삼매 들었더니

處處에 오색연화
앞다투어 피어나고

가릉빈가 노랫소리
如法하게 들려오네

부처님 오신 날 1

慧明하는 석가세존
般若智慧 열었어도

오는 인연
가는 인연
모두 다 놓고 보니

허공 같은
이 마음

오고 감이
없었구나

부처님 오신 날 2

靑山綠水 짙은 향기
온 누리에 그윽하고

五色 연등
慈悲 등불
우주법계 비추우니

심산유곡 맑은 절에
벌 나비가
날아드네

부처님 오신 날 3

오뉴월 짙은 녹음
唯心淨土 조화일세

보고 듣는 이치 따라
삼라만상 생겨나고

天地가 열리는 날에
봉황새 깃을 치니

千里 밖에 당도했네

부처님 오신 날 4

눈으로 보되
본 바가 없고

귀로 듣되
들은 바가 없으니

삼라만상 頭頭物物이
그대로가 부처일세

취하고 버리는 마음
사라지니

處處에 반야 빛이
온 누리에
가득하네

부처님 성도일

한해도 속절없이
서산으로 다 기울고

金圓禪院 밝은 불빛
보리수로 익는 밤에

조용히 숨 고르며
가부좌 틀고 앉아

계미년 열리는 빛을
반야컵으로
받습니다

– 불기 2546년 12월 8일

괘종시계

똑딱똑딱 하는 소리
관세음의 법문 소리

잠시도 쉬지 않고
법문을 계속하십니다

나는 하루에도 몇 번씩
법문을 듣곤 했습니다

그러던 어느날
음성법문을 멈추시고
無情說法을 하십니다

나는 도저히
알아들을 수 없었습니다
무척이나 갑갑했습니다

괘종시계가
죽어있었습니다

새 전지로

바꾸었습니다

다시 똑딱똑딱
음성법문을
시작했습니다

괘종시계가
환생을 했습니다
환생을!

칼국수 공양

맑은 호수에 일렁이는
잔잔한 물결처럼

가느다란 면발이
보기에도 정다웁네

쫄깃쫄깃한 그 맛은
사바의 질긴 인연
오래오래
이어감이라지

후루룩 후루룩 하는 소리
고해중생
건져주는
관세음보살의
妙音이고

허기진 배 채워줌은
중생고통 멸함이니

한 끼의 공양 속에

十方世界
들어 있고

우주섭리
일러주네

大願(대원)

사바의 인연터에
해탈종자 뿌려놓고
물주고 거름주니

속세에 찌든 영혼
천상으로 이어지네

인연 따라 오가면서
짓고 지은 만상업장
大願의 용광로에
흔적 없이 녹아지니

길 없는 길목에서
諸法無我 무상심이
자연 속에 하나 되어

체 없는 이 마음을
淨土에
나투우네

顚倒夢想(전도몽상)

西山에 해 넘어가니
붉은여명 정다웁네

북풍한설 몰아칠 때
모시옷이 웬말이냐

오고가는 인연사가
일장춘몽 꿈인 것을

한생각 돌이키면
그대로가 정토일세

五慾七情 번뇌망상
반야수로 씻어내고

툇마루에 걸터앉아
푸른창공 바라보니

계수나무 가지위에
반야꽃이 피었구나

· · · · · 길 없는 길목에서

3
발원

· · · · · 길 없는 길목에서

發願(발원)

眞理의 보배비를
반야컵에 받아들고

해탈종자 심은 들에
고루고루 뿌리누나

머지않아 싹이 트고
무럭무럭 자란 후에

시절인연 도래하여
풍성한 해탈열매
주렁주렁 열리며는

고통 받는 중생들께
아낌없이
나눠주리

壬午年(임오년) 새해

전후좌우 좋은 道緣
오면 가고 가면 오네

昭昭靈靈 나의 自性
가고 옴이 없지마는

아미타불 정토세계
미혹 속에 남았으니

정초에는 白馬타고
고해바다 건너뛰어

貪·瞋·痴와 화해해서
하나 되어
나투움세

乙酉年(을유년) 새해

行住坐臥
語默動靜에

행자마음
如如하니

새벽 별빛
밝고 밝아

금닭이
홰를 치니

천지가
진동하네

丙戌年(병술년) 새해

반야의 동이 트니
昭昭靈靈한 마음자리
우주법계 비치이네

변화무쌍한 자연세계
마음의 뜨락이니

오고가는 因緣事가
丙戌年에
걸렸구나

生前豫修齊(생전예수제)

불기 2550年
윤 7月
청명한 좋은 날에

진리의 보배비를
반야컵에 받아들고

世世生生 이어오던
만상업장 씻어내니
기쁘기 한량없네

地藏大聖 크신 원력
나의 서원 되어지리

수미산 제일봉에
반야꽃이 피어나니

금원선원 시회 대중들아
먼 훗날 길 떠날 때
노잣돈 걱정 말고

시절인연 만났을 때
미리미리 닦아보세

無說殿(무설전)

청산녹수 임 그리워
넓은 바다 찾아들고

굽이치는 골골마다
임을 찾는 그 소리가
관음보살의 妙音이네

금오산 맑은 정기
석가세존의 化現이요

낙동강 푸른 물결
八功德水가 아니던가

住處 잃은 중생들아
백의관음
무설전에
그대 행장 벗어놓고

팔공덕수 길어다가
自性佛께
공양 올려

안심입명 이룬 후에
解脫涅槃
성취하세

불기 2545년 정초기도 入齋일에

百種(백종)

목련존자 엄마 찾아
무간지옥 헤매이던
지극한 효심이여

나는 오늘 百種 맞아
조상천도 발원하고

부처님의 대승경전
一心으로 독송하니

얽힌 인연 풀어지고
쌓인 업장 녹아지네

사바세계 곳곳마다
많고 많은 인연 중에

일가친척 연을 맺은
명부세계 조상님들

오늘의 이 공덕을
그대들에게 돌리오니

世世生生 입어오던
무명의 낡은 옷을

어서 빨리
벗으시고

해탈 새 옷
입으소서

－ 불기 2545년 백종기도 回向일에

동지기도

한 해도 속절없이
서산으로 다 기울고

금원선원 불당 안에
慈悲의 염불소리
상서로운 구름타고
우주법계 피어올라

진리의 보배비가
處處에 내리오니

동지섣달 설한풍에
꽁꽁 얼은 중생마음
보배비에 녹아지네

– 2003년 동지기도 回向일에

영산 회상전에서

인심 좋은
달구벌에

야단법석
차려 놓고

천억부처
나투시어

甘露法을
설하시니

목마른
벌 나비가

앞다투어
날아드네

– 2003년 3월 대구 한국불화연구회 불화 전시회에서

* 달구벌: 대구의 옛 이름

야생화 전시회에서

염화미소
깊은 뜻이
五慾樂 여읨인가

수미산 天海寺
뜰 앞에다
야단법석 차려놓고

백의관음
나투시어

야생화 받쳐드니

만중생이
미소짓네

– 2001년 天海寺 야생화 전시회에서

生日

오늘은 좋은 날
天地가 개벽한 날

꽁꽁 얼은 얼음 뚫고
새싹이 움을 튼 날

日月星辰 미소 지으며
축복을 내리던 날

온가족 환한 미소
천년만년
이어가소

河林식당 개업일에

울창한
삼림 속에

샘물이
솟구치니

삼복더위에
지친 중생

해갈을
하는구나

구미상사 개업일에

금오산 맑은 정기
굽이쳐서 감도는 곳

봉곡의 둥지 속에
봉황이
날아드니

삼라만상 頭頭物物이
손뼉 치며
반겨주네

흔 世界

이역만리 머나먼 곳
부처님 世界더라

海東에 여명 비쳐
불빛마다 찾아온 임

반가웁게 맞이하여
마음고향 안내하네

以心傳心
通해지는

마음의 고속도로
힘차게 달리어서

황악산 맑은 정기
굽이쳐서 감도는 곳

동국제일가람
황악산 직지사
불보살님 前에

고향 찾은 친구 위해
두 손 모아 합장하고
간절히 비옵나니

귀하신 임 가슴속에
자비종자 심게 하여

世世生生 해탈열매
거두웁게
하옵소서

- 2001년 독일인 의사 부부를 맞아 직지사 경내를 안내하며

일하는 그대 모습

우리 님
일하는 모습
너무나 아름다워

손님 머리 다듬음은
예술의 창조라오

걸림 없는 손놀림이
예술삼매 들었구나

우리 님
삼매에 든 그 모습

天衣 입은 하늘선녀
천상에서 하강하여

섬섬옥수 고운 손에
금빗 들고 희롱하네

– 보현심 보살 미용실에서

등불

캄캄한
無明世界

般若등불
밝히시어

世世生生
부처님과

인연줄을
이으소서

問病(문병)

삼천리 방방곡곡
정붙일 곳 한곳 없네

소리쳐도 그 자리요
울어봐도 그 자린걸

솜방망이 저기 있고
병원하루 如如한데

공상세계 홀로 펴니
속세업연 서러웁네

사무치는 설움 딛고
흰 구름 바라보니

한점 한점 흩어져서
맑은 하늘 드러나네

기도 회향

삼천리 방방곡곡에
봄빛이 완연하니

얼어붙은 잔설이
힘없이 녹아지네

동지섣달 긴긴밤에
주력삼매 如如하니

大悲呪의 위신력에
만상업장 녹아지네

후— 하고
한숨쉬며
뜰 앞을 바라보니

탁 트인 들녘에서
태평가가
들려오네

– 2003년 산림기도 回向일에

참배

온다하고 오지말고
간다하고 가지말며

회향한다 하지말고
복짓는다 하지마소

청정하다 하지말고
진실하다 하지말며

조용하게 해탈발원
마음깊이 하여보세

시집간 딸 생일에

재 넘어 엄마집에
소 먹이던 어린시절

오늘은 잊었더냐

쇠고기국 하얀 쌀밥
너도 나도 공양하나

천상세계 꽃향기는
누구덕에
맡아볼꼬

· · · · · 길 없는 길목에서

4
성지순례

길 없는 길목에서

佛國寺(불국사)

풍광 좋아
찾았더냐

영험 입어
찾았더냐

천년고찰
불국사에

초승달이
비치이니

천년의
긴 여정도

一念 속에
꿈이구나

般若寺(반야사)

靑山般若 맑은 절에
촛불이 활활 타고

극락전 뜰 앞에는
혼령들이 薦度되네

천도되는 혼령들은
喜喜樂樂 즐거운데

住處잃은 대중들은
번뇌 속을 헤매누나

어허야!
대중들아
활활 타는 촛불 앞에
그대 행장 벗어놓고

영험부처 모신 절에
아미타불
염불하여
극락왕생
하자꾸나

— 彌陀 기도중인 般若寺에서

法雨寺 (법우사)

만중생 이익 주는
진리의 보배비가
하염없이
내리건만

俗塵 번뇌 찌든 영혼
해갈을
못하누나

黃山(황산)에서

靑山綠水 임을 찾아
넓은 바다 찾아들고

海東땅 금원법사
황산을 찾았더니

비경속의 頭頭物物이
비로자나의 化現이로구나

넋을 잃고 바라보던
명사님들
어디로 가셨는고

명사님들 간 데 없고
나 또한 온 데 없네

가고 옴이 없는 중에
풍광 좋은 황산위에
발자춰 남겨놓고

먼 훗날 다시 찾아
신발 끈 동여매리

– 黃山: 중국 安徽성에 있는 세계적인 名山

시신봉에서

安徽성 황좌 위에
無心으로 걸터앉아

천하비경 바라보니
변화무쌍한 자연세계
믿고신비 미그음고

감싸 도는 맑은 정기
나의 가슴 파고드네

신사년 좋은 날
해동땅 금원법사
자연과 하나되어

기암괴석 옆에 앉아
사람 형상으로
나투웠네

– 중국 황제가 앉았다는 바위 위에 앉아 천하비경을 바라보며

黃山日出 (황산일출)

東海의 여명 좇아
사자峯 오른다오

싱그러운 五月의
상큼한 새벽 공기
나의 영혼 파고드네

장엄하게 펼쳐지는
황산의 구름바다

지평선 저 너머에
함박웃음 머금은 채
대일여래 나투시니

이른새벽 잠을 깬
月光보살이
마중하네

보타산 범음동에서

만경창파 푸른 물결
석가세존 化現이요

우레 같은 파도소리
관세음의 妙音이네

보타산에 서린 정기
관음보살 眞身인데

천겁만겁 지냈어도
무명업장 앞을 가려
親見하지 못했구나

아! 그대들은 들리는가
백의관음 無說說이

대명천지 밝은 경계
무엇으로 드러낼꼬

약사암

하늘, 산
맞닿은 곳

금까마귀 둥지 속에
해탈도량 앉아있네

약사여래 구름타고
금빛광명 놓으면서
無情說法 설하시니

고해중생
금빛 좇아

가파른 길
오르누나

菩提庵(보리암)

금산상봉 처처에
慈悲물결 흘러넘쳐

속세 찌든 衆生영혼
감로수로 씻어주네

계미년 좋은날에
보리암 성전에서
관음보살 親見한 후

人天福田 복 밭에다
福의 종자 뿌려놓고
無心으로 바라보니

금산상봉 처처에
우담발화 만발하고
公命鳥가 노래하니
극락정토
예로구나

龍門寺(용문사)

龍神이 있다기에
般若용선 얻어 타고
용궁을 찾았더니

용신은 간데없고
도명존자 합장하고
뱃머리를 끄는구나

一柱門前 지난 후에
적멸궁에 당도하니

용왕은 흔적 없고
열시왕에 둘러싸인
대원본존 지장보살
미소 지으며 반겨주네

금원선원 시회대중들아
먼 훗날 길 떠날 때
노잣돈 걱정 말고

명부世界 왔을 적에
미리 놓고 가려므나

낙산사

부모형제 보고파서
고향집 찾았다오

부모형제 얼싸안고
자세히 살펴보니

낯설어서
서러웁네

푸른 산 맑은 물에
속진번뇌 씻어내고

반야석에
걸터앉아

고향정취에
젖어드네

향일암 순례

남도의 봄기운이
處處에 완연한데

굽이치는 길목마다
화사한 봄꽃들이
줄을 서서 환영하네

차창 가에 기대앉아
지그시 두 눈 감고
청아한 염불소리에
백팔번뇌 녹이면서
향일암에 당도하니

만경창파 푸른물결 위로
관음보살 미묘법이
塵塵刹刹
펼쳐지네

팔각정 일출봉

노란 개나리 망울 터져
봄소식 알리더니

온갖 꽃들 앞다투어
시샘하듯 피어났네

계미년 삼월 삼짓날
화창한 좋은날에

일출봉에 홀로 앉아
春雪처럼 화사한
벚꽃 길 따라가니

금오산 저수지
초록빛 물결위에
흰오리, 노랑오리
한가하게
헤엄치네

直指寺(직지사)

황악산 맑은 정기
굽이쳐서 감도는 곳

선지자의 慧眼있어
直指의 인연터에
해탈도량
세워졌네

온갖 풍상 겪으면서
영험부처 모셔놓고

천일기도 목탁소리
끊임없이 울려오네

삼십년 불사회향
온 대중이 합장할 때

제불보살 밝은 미소
도량 안에 그득했네

새천년의 오늘도

청아한 목탁소리
나의 심금 울려주고

은은한 새벽 종성
태고신비 머금은 채

천상세계
傳해지네

– 직지사 하계수련회에서

八公山(팔공산) 단풍

四通八達 처처에
五色물결 찬연한데

굽이치는 길목마다
八公山의 맑은 정기
나의 영혼 파고드네

시절이 변했는가
내 마음이 변했는가

靑山綠水 짙은 향기
어디에 숨었는고

울긋불긋 물든 단풍
고향길목 재촉하고

팔공법당 곳곳마다
丹靑불사 回向하네

회향법회 대중 앞에
약사여래 나투시어

무정설법 토해내니

속세 찌든 중생들이
망상병을 치료하고
해탈문전 들어가네

어허야! 좋을시고
떨어지는 단풍처럼

형상세계 옷을 벗고
해탈 새 옷
입어보세

팔각정의 봄

벗꽃
진달래
개나리꽃으로 장엄한
팔각의 가마위에

가부좌 틀고
앉았더니

서늘한 솔바람이
꽃향기 몰고 오네

꽃향기 붙잡고 싶어
지그시 두 눈 감고
콧구멍 치켜드니

꽃향기
봄길 따라
솔바람 타고
도망치네

금오산

편안히 누워계신
부처님 가슴위에

금까마귀 둥지 틀고
알을 낳아 품고 있네

약사암
약사여래

인연법을 설하시니
금까마귀야 너도
부처님 法文 듣고

두 날개깃을 세워
旭日昇天
하려므나

5
인연

빛 받으러 왔소이까
빚 갚으러 왔소이까
억겁에 맺은 인연
부모자식 되었구려
넓고 넓은 고해바다
정처 없이 떠들다가
억겁인연 잊었더니

. . . . . 길 없는 길목에서

금원산에서

금원산 산마루에
솔바람 道伴삼아
가부좌 틀고 앉았으니

울긋불긋 모든 단풍
夕陽이 시샘하네

속진번뇌 잊고 싶어
조용히 두 눈 감고
명상 三昧 젖어드니

떨어지는 폭포수 소리에
나의 영혼 빠져들어

금원산 맑은 정기
온몸으로 느껴지네

– 금원산 : 경남 거창에 있는 산 이름

金圓禪院(금원선원)

천고의 신비 간직한
山寺도 아닌 곳

고대황궁 누각처럼
호화롭지도 않은 곳

운동장 트랙처럼
넓지도 않은 곳

금오산 맑은 정기
굽이쳐서 서리는 곳

인연중생 道緣맺어
생사해탈 발원하고

사바의 인연터에
해탈도량 문을 열어

금원선원이라
이름 했네

모든 대중 합심하여
깨끗하게 단장한 후

청하처럼 맑고 맑은
자성부처 모셔놓고

世世生生 지지 않을
마음등불 밝힌 후에

속진번뇌 씻어주는
해탈향을 피웠더니

진묘한 *法香*이
불당 안을 감싸 돌아

우주법계
장엄하네

- 2001년 4월 15일, 금원선원 개원일

報恩(보은)

茫茫大海 외로운 섬
인적 없어 기다렸네

한가로이 샘을 파며
因緣오기 염원한지
어언 四十八年

경진년 시월 그믐날
화창한 좋은날에

관음보살 妙音소리
허공에서 들리더니

해탈도량 化主인연
오늘에야 오셨구려

겁 많은 그대 인연
아프다고 걱정 마소

世世生生 이어지는
그대 業緣 어찌하리

함이 없는 무상보시
그대 緣을 바꾸우리

오늘의 이 인연이
무량한 공덕 되어

世世孫孫
그대가문

옴도 없고 감도 없는
부처님의 마음자리

따스하게
傳해지리

– 금원선원 법당불사에 맨 처음 施主한 대각행 보살님께

원앙

오늘은 좋은 날
축복받은 날

엄마 아빠
일가친척
모시고서

사모관대
족두리 쓰고
시집 장가
가는 날

신사년 동짓달
화창한 좋은날에

靑雲의 둥지 속에
원앙 한 쌍
찾아드니

삼라만상 頭頭物物이
손뼉 치며 반겨주네

신랑은 백마타고
신부는 가마타고

이 세상 苦海 바다
훌쩍훌쩍 건너뛰어

서로 두 손
꼬옥 잡고

백년해로
하려므나

– 막내 동생 결혼식에서

作名(작명)

정성스레 목욕하고
부처님 전에 發願 했네

상서로운 구름일어
저녁하늘 물들더니

시절인연 도래하여
白雲이 인연 찾아

엄마 아빠 연을 맺어
이 世上 빛을 보니

보배 같은 인연줄에
옥구슬이 맺혔구나

병술년 유월 열사흘날
진리의 보배비가
우주법계 대지위에
촉촉이 내리던 날

경주이씨 뜨락 안에

별빛타고 오신님

밝을 昭(소)
곧을 貞(정)
소정이라 이름 하여

우주법계 점찍으니
한 世上 환한 미소
이씨집안 등불 되어

오대양 육대주에
걸림 없이
나투소서

부모님 은혜

빚 받으러 왔소이까
빚 갚으러 왔소이까

억겁에 맺은 인연
부모자식 되었구려

넓고 넓은 고해바다
정처 없이 떠들다가
억겁인연 잊었더니

아차! 하고
정신 차려
부모 용안 살펴보니
가슴이 미어지네

바싹 여윈 얼굴 위에
주름살만 그득하네

아! 슬프구나
나의 불효
무엇으로 씻어볼꼬

바싹 여윈 우리 부모
하늘같은 우리 부모

두 어깨 무등 태워
휘적휘적 걸으면서

수미산을 돌고 돌아
山川경계 구경한 후

天上世界
모시오리

길 없는 길목에서

妄念배
젓고 저어
청보리 화친하니

초청함이
없는 중에

길 없는 길목에서
세상인연
濟度하네

마음이 머문 자리

大願行(대원행) | 相生花(상생화) | 慈悲華(자비화) | 利他行(이타행)

般若心(반야심) | 如來行(여래행) | 眞性華(진성화) | 先德華(선덕화)

慧月心(혜월심) | 蓮花心(연화심)1 | 蓮花心(연화심)2 | 法蓮華(법련화)

無想心(무상심) | 水月心(수월심) | 自在華(자재화) | 妙法華(묘법화)

解脫心(해탈심) | 紅蓮華(홍련화) | 普賢行(보현행) | 萬德華(만덕화)

海印性(해인성) | 能仁行(능인행) | 一心華(일심화) | 歡喜心(환희심)

無盡行(무진행) | 慈悲行(자비행) | 度一行(도일행) | 如如心(여여심)

淸河心(청하심) | 眞如心(진여심) | 無量心(무량심) | 滿月心(만월심)

大慧心(대혜심) | 金剛心(금강심) | 無碍心(무애심) | 靑蓮華(청련화)

圓滿行(원만행) | 般若行(반야행) | 觀音行(관음행) | 功德心(공덕심)

善慧心(선혜심) | 萬法華(만법화)

大願行(대원행)

行함 속에 함이 없는
無爲道를 닦고 닦아

世世生生 이어지는
만상업장
녹인 후에

生死없는
해탈세계

慧眼으로
관조하소

– 인연 있는 명상회원들에게 법명을 지어주면서

相生化(상생화)

음양이 화합하니
기운이 성하구나

만나는 사람마다
오색연화가
만발하니

그대는 알겠는가
상생의 道를

慈悲華(자비화)

천상속에 道 익으니
善根공덕 쌓고 쌓아
무명업장
녹아지면

昭昭靈靈한
그대마음

자비샘에
나투우리

利他行(이타행)

이팔청춘에 부풀었던
소녀의 청순한 꿈을

행여나 놓칠세라
고이고이 보듬타가

이 세상 우주법계
아무리 둘러봐도
놓을 자리 한 곳 없네

道닦아 智慧생겨
한생각 돌이키면

處處가 내 집이니
처소분별 있을소냐

한 걸음 두 걸음
중생향한 그대마음
쉬지 않고 이어지면

머나먼 唯心淨土
뜰 앞에서 만나리다

般若心(반야심)

西山에 해지고 나니
정처 없는 나그네가
갈 곳 몰라 헤매누나

동지섣달 긴긴밤에
푸른창공 바라보며
별빛보고 속삭였지

만첩산중 깊은 골에
봄소식 찾아드니
꽁꽁 얼은 풀 나무에
새싹이 움을 트네

오늘도 내일도
변함없는 일상 속에
부처님의 慈悲光明
온몸으로 영접하니

處處에 우담발화
앞다투어 피어나고

반야빛 노을 속에
흰 구름이 넘나드네

如來行(여래행)

茫茫大海 노 저으며
불빛 따라 찾았구나

사바의 인연터에
적멸보궁 찾았으니
부지런히 修心하소

비우고 또 비워서
무념처에 도달하여
오고감이 없어지면

만경창파 푸른 물결
고요히 잠들 때에

소소영영한 그대마음
如如하게 비치리다

眞性華(진성화)

행함속에 함이 없는
無爲道를 닦고 닦아

오고감이 없어지면

世世生生
제불보살

처처에서
親見하리

善德華 (선덕화)

空手來 空手去인데
시시콜콜 분별말고
무위도를 닦으소서

山에는 나무 있고
물에는 고기 있어

이와 같은 空한 이치
한순간에 터득하면

소소영영한 그대 마음
천상세계 꽃을 피워
成佛道를 이루리다

慧月心(혜월심)

이 세상 처음 올 때
무엇 가져 왔소이까

서 세상 떠나실 때
빈손으로 가실 것을

좋은 인연 만났을 때
부지런히 修心하소

비우고 또 비워서
無念處에 이르오면

소소영영한 그대 마음
지혜의 달빛 되어
우주법계
비치리다

蓮花心(연화심) 1

宿世에 善緣지어
今生 몸 받았구나

사바의 인연터에
정처 없이 노닐다가

시절인연 도래하여
좋은 道伴 만났으니
부지런히 修心히소

부지런히 닦고 닦아
무념처에 이르오면

소소영영한 그대 마음
五濁惡世 깊은 골에
연꽃되어
피어나리

蓮花心(연화심) 2

첩첩산중 깊은 골에
봄볕이 찾아드니

얼어붙은 잔설이
힘없이 녹아지네

시절인연 도래하여
사바의 인연터에

五色蓮花 만발하니

풍성한 들녘에서
태평가가
들려오네

法蓮華(법련화)

온다하고 오지 말며
간다하고 가지 마소

행함속에 함이 없는
無爲道를 닦고 닦아

천상세계
꽃을 피워

成佛道를
이루소서

無想心(무상심)

번뇌망상 무엇인가
한생각 일어나니
온갖 번뇌 지어지네

밤마다 眞言功德
처처에 사무치니

허공 같은 보배창고에
무량공덕 쌓고 쌓아

와도가도 변함없는
법왕궁에 당도하면

無想한 그대마음
창성하온 빛이 되어

우주법계
비치리다

水月心(수월심)

육도에 房付드려
드나든 지 얼마던가

善知識과 도연 맺어
무위도를 닦으소서

부지런히 닦고 닦아
무념처에 이르오면

昭昭靈靈한 그대 마음
창성하온 빛이 되어

千江流水 맑은 물에
如如하게 비치리다

自在華(자재화)

높은 山
깊은 골
청정수에 목욕하고

오색연화 만발한
꽃동산을 거닐어도

한 생각 미혹하여
해탈발원 하였구나

삼천리 방방곡곡
모두가 내 집이고
일체중생 내 몸이니

감로수병 손에 들고
연화대에 앉으시어

중생고통
살피소서

妙法華(묘법화)

만경창파 푸른 물결
제불보살 化現이요

우레 같은 파도소리
관음보살 妙音이네

사바의 인연터에
寂滅寶宮 지었으니

오고가는 반연쉬어
무상한 그대마음
사바에 나투소서

解脫心(해탈심)

황량한 벌판위에
북풍한설 몰아칠 때
어린 새싹 보듬으며
비바람 피했구나

반야석에 걸터앉아
지난 歲月 뒤돌아보며
팔공산 갓바위 부처님 전에
소원성취 發願했네

시절인연 도래하여
황량한 벌판위에
녹음이 짙어지니

넉넉한 마음속에
해탈가가 들리누나

紅蓮華 (홍련화)

부처님의 中道床에
妄念이 쌓였더니

명상인연 맺어지니
해탈발원 하는구나

五濁惡世 깊은 골에
홍련이 피어나니

황좌의 방안에서
태평가가
들려오네

普賢行(보현행)

좋은 인연 찾고 찾아
명산대찰 헤맸더냐

오고가는 인연들도
부질없는 妄想인걸

속세 떠난 긴 여정에
如法하는 인연만나

諸行無常 깊은 진리
마음으로 體得하여

와도 가도 변함없는
如如하온 마음자리
사바에 나투시어

행함속에 함이 없는
無爲道를 펼치소서

萬德華 (만덕화)

茫茫大海 외로운 섬
인적 없어 슬펐더냐

深山幽谷 맑은 물에
속진번뇌 씻은 후에

제불보살 尊像 앞에
무릎 꿇고 앉았으니

청산 숲 맑은 골에
반야빛이 감도누나

宿世에 善緣지어
今生 몸 받았으니

부지런히 修心하여
無爲道를 닦으소서

부지런히 닦고 닦아
허공 같은 보배창고에
무량공덕 넘칠 때면

萬德尊像 등불 밝혀
그대 앞길 인도하리

海印性(해인성)

봄소식 찾고 찾아
방방곡곡 헤맸더냐

願 세워 道 닦으니
一念이 無心되네

한생각 돌이켜서
修心인연 깊어지면

만경창파 푸른 물결
고요히 잠들 때에

昭昭靈靈한 그대 마음
如如하게 드러나리

能仁行(능인행)

점심상 차려놓고
밤이 온다 걱정 마소

四通八達 트였으니
무엇에 걸릴손가

돌고 도는 우주이치
마음으로 體得하면

오고감이 없는 중에
허공 같은 그대 마음
如如하게
나투리다

一心華(일심화)

사바고해 넓은 바다
돛단배 노 저으며
온갖 풍상 겪었구나

宿世에 善緣 있어
밤하늘에 별빛같은
진리의 인연줄이
그대 緣을 바꾸었네

修心하는 인연터에
그대 행장 벗어놓고

한마음 돌이켜서
무량공덕 짓고 지어
사바에 回向하니

凡夫衆生 앞다투어
해갈을 하는구나

歡喜心 (환희심)

가도 가도 끝없던 길
오늘에야 당도했네

서산에 해 넘어가도
희망아침 머금었으니
걱정할 것 없잖은가

如如하온 이 마음
원래부터 그대로인데

오고감에 집착함이
나의발목 잡았구나

한 생각 돌이켜서
하하하 웃고 보니

永遠하게 이어지는
해탈길이
트였구나

無盡行(무진행)

해가 뜨고 해가 지니
밤낮이 있건마는

昭昭靈靈한 그대 마음
如如하온 빛이어라

깊고 깊은 고해바다에
훈풍이 불어오니

반야용선
노 저으며
보살도를 떨치소서

慈悲行(자비행)

한 세상 道 닦아서
해탈하기 바랐던가

오고가는 인연줄에
꽁꽁 묶인 그대 인연
大悲呪로 녹이소서

부지런히 닦고 닦아
世世生生 짓고 지은
萬象業障 녹아지면

청정한 자비 샘에
무진보배
드러나리

道一行(도일행)

얼마나 찾았던가
그리운 임을

찾다 찾다
지쳐서

왔던 길
뒤돌아보니

싱긋 웃는 그 모습
나의 임
찾았구나

如如心 (여여심)

三世因果 至重하니
시시콜콜 분별 말고
인연법을 공부 하소

부지런히 닦고 닦아
분별없는 무념처에
無心으로 당도하면

昭昭靈靈한
그 마음이

如如하게
이어지리

淸河心 (청하심)

山水좋은 명당 터에
적멸보궁 지어놓고
부지런히 修心하소

비우고 또 비워서
무념처에 이르오면

日月같은
그대마음

심산유곡
맑은 물에

如如하게
비치리다

眞如心(진여심)

수미산 제일봉에
반야꽃이 피거들랑

짙은 안개 구름속에
끄이고이 머금타가

日月星辰 비치어서
짙은 안개 걷히거든

般若光明
빛을 놓아

사바고해
등불되소

無量心_(무량심)

화사한 웃음 속에
자비 손길 머그음고

如如하온 향기 따라
임의 정취 느껴지네

삼천리 방방곡곡에
인연줄을 이으시어

無量한 그 마음을
고해에
펼치소서

滿月心(만월심)

초승달 바라보며
한숨짓던 지난세월

심산계곡 맑은 물에
뼛속까지 씻은 후에

동녘하늘 바라보니
붉은 여명 비치면서

月光보살
나투우네

大慧心(대혜심)

북풍한설 몰아치던
엄동설한에

새봄소식 알려주는
한줄기 빛을 따라
大悲呪를 독송하니

고해바다 넓은 들에
새싹이 움을 텄네

물 주고 거름 주어
정성스레 잘 키워서

태풍장마 모진번뇌
지혜로써 물리치면

풍성한 가을날
해탈열매
거두우리

金剛心(금강심)

영원토록 변치말자
두손모아 發願했네

世世生生 닦고 닦은
마음자리 번거로워
허공으로 던지오니

금강보좌 중도상에
法身부처
나투우네

無碍心(무애심)

한 많은 지난세월
청풍에 날리우고

비바람 피해서서
푸른창공 바라보니

청풍명월
밝고 밝아

지난세월
뒤돌아보며

허허롭게
웃음짓네

靑蓮華(청련화)

맑은 하늘 흰 구름이
인연 찾아 떠돌다가

상서로운 구름 만나
보배비를 내리누나

반야석에 걸터앉아
임 찾아 헤매이던

지난 세월
뒤돌아보며

연꽃 향기에
취해드네

圓滿行(원만행)

사바세계 곳곳마다
지은 공덕 回向하소

명상삼매 如如하여
한생각 바뀌이면

日月같은 그대 마음
온 누리에 비치리다

般若行(반야행)

맑은 마음
화사한 옷차림
환한 얼굴

부처야
부처야
우리 동무 할래

觀音行(관음행)

부모님께 효도하고
형제자매 우애롭고
일가친척 화목하며
이웃끼리 사랑하니
어이 아니 좋을 손가

관세음보살
관세음보살
나무대자대비
관세음보살

功德心(공덕심)

해탈염원 세웠거든
체면치레 좌복삼아
부지런히 修心하소

함이 없는 無爲道를
부지런히 닦고 닦아

허공같은 보배창고에
무량공덕 넘칠 때면

日月같은 그대 마음
우주법계 비치리다

善慧心(선혜심)

오는 인연 막지 않고
가는 인연 잡지 않는

虛虛蕩蕩한
마음자리

慧眼으로
관조하소

萬法華(만법화)

大悲願 이루려고
今生 몸 받았구나

사바의 인연터에
청정도량 세우시어
萬法을 닦으소서

부지런히 닦고 닦아
무념처에 이르오면

만덕존상 등불 밝혀
그대 앞길 비추리다

❋ 金圓法師의 작품들 ❋

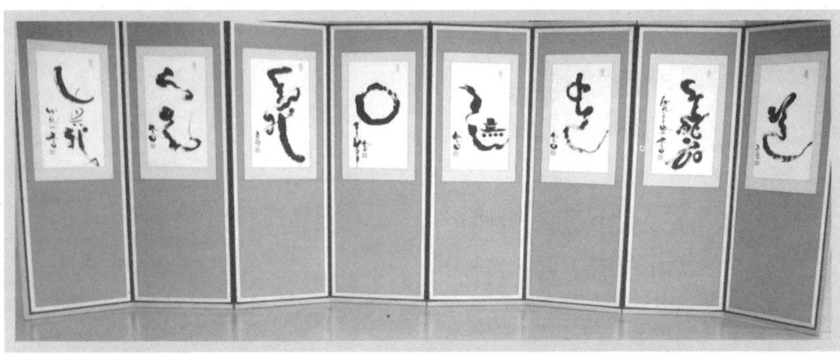

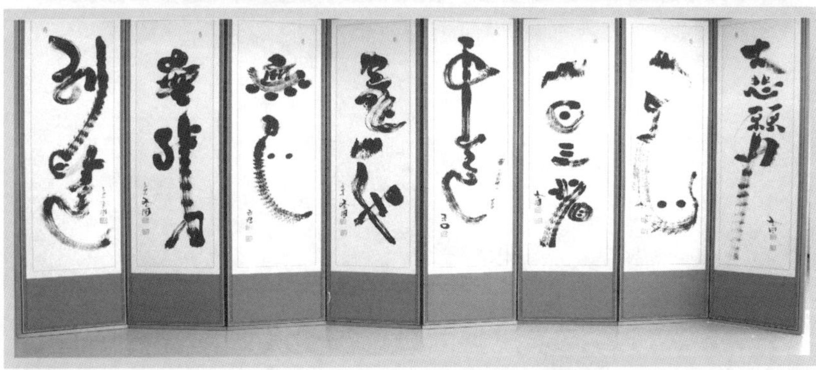

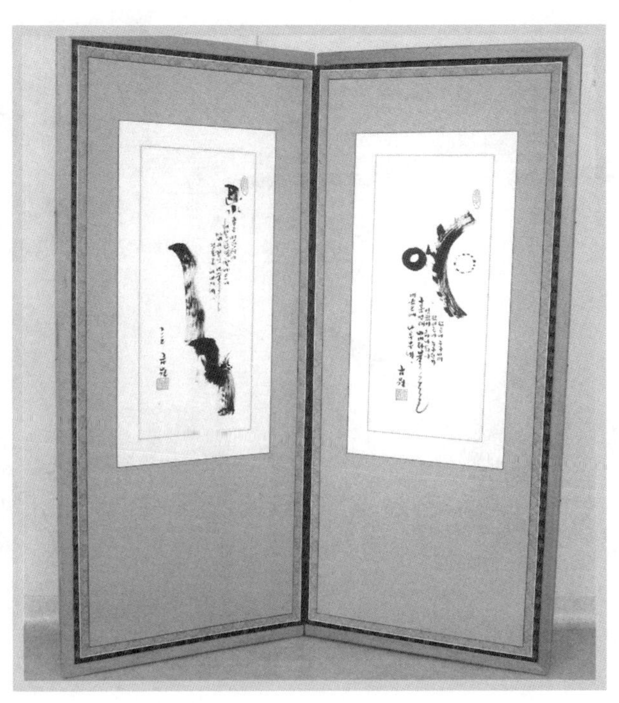

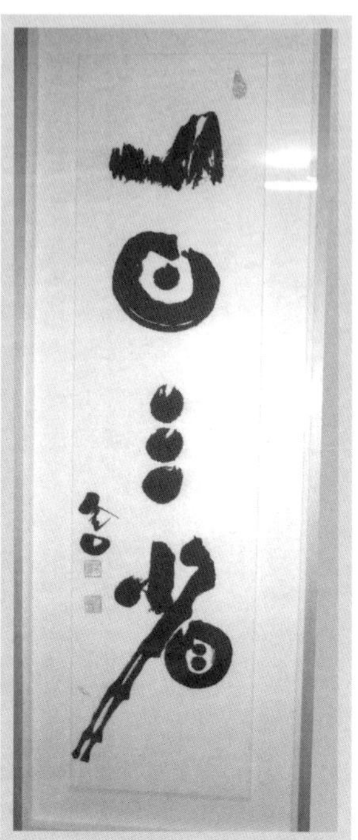

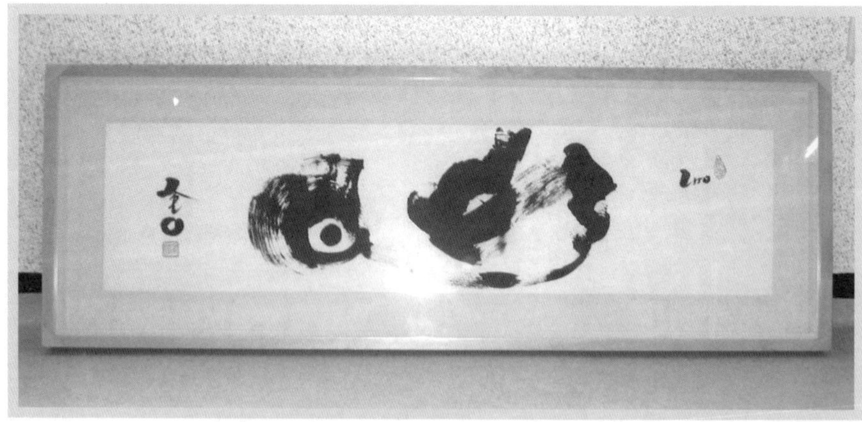